EMPFOHLENES BUCH:

Wer bist du wirklich?
Ein Guide zu den 16 Persönlichkeitstypen
ID16™©

Jarosław Jankowski

Wieso sind wir so verschieden? Wieso nehmen wir auf unterschiedliche Art Informationen auf, entspannen anders, treffen anders Entscheidungen oder organisieren auf verschiedene Weiseunser Leben?

„Wer bist du wirklich?" erlaubt es Ihnen, sich selbst und andere Menschen besser zu verstehen. Der im Buch enthaltene Test ID16 hilft Ihnen dabei, Ihren Persönlichkeitstyp festzustellen.

Ihr Persönlichkeitstyp:
Mentor
(INFJ)

Ihr Persönlichkeitstyp:

Mentor
(INFJ)

Serie ID16[TM][©]

JAROSŁAW JANKOWSKI

LOGOS MEDIA

Ihr Persönlichkeitstyp: Mentor (INFJ)

Diese Veröffentlichung hilft Ihnen, Ihr Potenzial besser zu nutzen, gesunde Beziehungen zu anderen Menschen aufzubauen und richtige Entscheidungen auf Ihrem Bildungs- und Berufsweg zu treffen. Sie sollte aber keineswegs als Ersatz für eine fachliche psychologische oder psychiatrische Beratung angesehen werden.

Der Autor sowie der Herausgeber übernehmen keine Haftung für eventuelle Schäden, die aufgrund der Nutzung dieser Publikation entstanden sind.

ID16™© ist eine vom Autor geschaffene Persönlichkeitstypologie, die nicht mit Typologien und Tests anderer Autoren oder Institutionen verglichen werden kann.

Aus Gründen der Lesbarkeit wurde im Text die männliche Form gewählt, nichtsdestoweniger beziehen sich die Angaben auf Angehörige beider Geschlechter.

Originaltitel: Twój typ osobowości: Mentor (INFJ)
Übersetzung aus dem Polnischen: Wojciech Dzido, Lingua Lab, www.lingualab.pl
Redaktion: Martin Kraft, Lingua Lab, www.lingualab.pl
Technische Redaktion: Zbigniew Szalbot

Herausgeber: LOGOS MEDIA

© Jarosław Jankowski 2018-2023

Druckausgabe: ISBN 978-83-7981-144-1
eBook (EPUB): ISBN 978-83-7981-145-8
eBook (MOBI): ISBN 978-83-7981-146-5

Inhaltsverzeichnis

Einführung

Ihr Persönlichkeitstyp: Mentor (INFJ) stellt ein außergewöhnliches Nachschlagewerk zum *Mentor* dar, einem der 16 Persönlichkeitstypen ID16™©.

Dieser Guide ist Teil der Serie ID16™©, die aus 16 Bänden besteht, die den einzelnen Persönlichkeitstypen gewidmet sind. Sie liefern auf eine ausführliche und verständliche Art und Weise Antworten auf folgende Fragen:

- Wie denken und fühlen Menschen, die zum jeweiligen Persönlichkeitstyp gehören? Wie treffen sie Entscheidungen? Wie lösen sie Probleme? Wovor haben sie Angst? Was stört sie?

- Mit welchen Persönlichkeitstypen kommen sie gut klar, mit welchen hingegen nicht? Was für Freunde, Lebenspartner, Eltern sind diese Menschen? Wie werden sie von anderen betrachtet?

- Was für berufliche Voraussetzungen haben sie? In was für einem Umfeld arbeiten sie am effektivsten? Welche Berufe passen am besten zu ihrem Persönlichkeitstyp?

- Was können sie gut und an welchen Fähigkeiten müssen sie noch feilen? Wie können sie ihr Potenzial ausschöpfen und Fallen aus dem Weg gehen?

- Welche bekannten Personen gehören zum jeweiligen Persönlichkeitstyp?

- Welche Gesellschaft verkörpert die meisten Charakterzüge des jeweiligen Typs?

In diesem Buch finden Sie ebenso die wichtigsten Informationen zur Persönlichkeitstypologie ID16$^{TM©}$.

Wir hoffen, dass es Ihnen dabei hilft, sich selbst und andere Menschen besser zu verstehen und kennenzulernen.

DIE HERAUSGEBER

ID16™©
im Kontext Jungscher
Persönlichkeitstypologien

ID16™© gehört zur Familie der sog. Jungschen Persönlichkeitstypologien, die auf der Theorie von Carl Gustav Jung (1875-1961) basieren – einem Schweizer Psychiater und Psychologen und einem der wichtigsten Vertreter der sog. Tiefenpsychologie.

Auf Grundlage langjähriger Forschungen und Beobachtungen kam Jung zur Schlussfolgerung, dass die Unterschiede in der Haltung und den Vorlieben von Menschen nicht zufällig sind. Er erschuf daraufhin die heute bekannte Unterscheidung in Extrovertierte und Introvertierte. Ferner unterschied Jung vier Persönlichkeitsfunktionen, die zwei gegensätzliche Paare bilden: Empfindung – Intuition und Denken – Fühlen. Jung betonte,

dass in jedem dieser Paare eine der Funktionen do-
minierend ist. Er kam zur Einsicht, dass die dominierenden Eigenschaften eines jeden Menschen
stetig und unabhängig von externen Bedingungen
sind, ihre Resultante hingegen der jeweilige Persönlichkeitstypus ist.

Im Jahre 1938 erschufen zwei amerikanische
Psychiater, Horace Gray und Joseph Wheelwright,
den ersten Persönlichkeitstest, der auf der Theorie
von Jung basierte und die Bestimmung dominierender Funktionen in den drei von ihm beschrie-
benen Dimensionen ermöglichte: **Extraversion-
Introversion, Empfindung-Intuition** sowie
Denken-Fühlen. Dieser Test wurde zur Inspiration für andere Forscher. Im Jahre 1942, ebenfalls
in den USA, begannen wiederum Isabel Briggs
Myers und Katharine Briggs ihren eigenen Persönlichkeitstest anzuwenden. Sie erweiterten das klas-
sische, dreidimensionale Modell von Gray und
Wheelwright um eine vierte Dimension: **Bewer-
tung-Beobachtung.** Die meisten der späteren
Typologien und Persönlichkeitstests, die auf der
Theorie von Jung basierten, übernahmen daraufhin auch diese vierte Dimension. Zu ihnen gehört
auch u. a. die amerikanische Studie aus dem Jahre
1978 von David W. Keirsey sowie der Persönlichkeitstest von Aušra Augustinavičiūtė aus den
1970er Jahren. In den folgenden Jahrzehnten folg-
ten Forscher aus der ganzen Welt, womit sie wei-
tere vierdimensionale Typologien und Tests erschufen, die an lokale Bedingungen und Bedürfnisse angepasst wurden.

Zu dieser Gruppe gehört die unabhängige Persönlichkeitstypologie ID16™©, die in Polen vom

Pädagogen und Manager Jarosław Jankowski erarbeitet wurde. Diese Typologie, die im ersten Jahrzehnt des 21. Jahrhunderts veröffentlicht wurde, basiert ebenfalls auf der klassischen Theorie von Carl Gustav Jung. Ähnlich wie auch andere moderne Jungsche Typologien reiht sie sich in die vierdimensionale Persönlichkeitsanalyse ein. Im Falle von ID16™© werden diese Dimensionen als **vier natürliche Veranlagungen** bezeichnet. Diese Veranlagungen haben einen dichotomischen Charakter, ihre Charakteristik hingegen liefert Informationen über die Persönlichkeit eines Menschen. Die Analyse der ersten Veranlagung hat die Bestimmung einer dominierenden **Lebensenergiequelle** zum Ziel (äußere oder innere Welt). Die zweite Veranlagung wiederum bestimmt die dominierende Art und Weise, wie **Informationen aufgenommen werden** (mithilfe von Sinnen oder Intuition). Die dritte Veranlagung hingegen determiniert die dominante **Entscheidungsfindung** (Verstand oder Herz). Die Analyse der letzten Veranlagung schlussendlich liefert den dominanten **Lebensstil** (organisiert oder spontan). Die Kombination aller natürlichen Veranlagungen ergibt im Endresultat einen von **16 möglichen Persönlichkeitstypen**.

Eine besondere Eigenschaft der Typologie ID16™© ist ihre praktische Dimension. Sie beschreibt die einzelnen Persönlichkeitstypen in der Praxis – auf der Arbeit, im Alltag oder in zwischenmenschlichen Kontakten und Beziehungen. Diese Typologie konzentriert sich nicht auf die innere Dynamik der Persönlichkeit und versucht nicht, eine theoretische Erklärung für innere, unsichtbare

Prozesse zu finden. Viel mehr versucht sie zu er-
läutern, wie die jeweilige Persönlichkeit nach außen wirkt und welchen Einfluss sie auf ihr Umfeld
nimmt. Diese Fokussierung auf den sozialen As-
pekt einer jeden Persönlichkeit stellt eine Gemein-
samkeit mit der o. g. Typologie von Aušra Augustinavičiūtė dar.

Jeder der 16 Persönlichkeitstypen ID16™© ist
eine Resultante natürlicher Veranlagungen des
Menschen. Die Zuschreibung zum jeweiligen Typus birgt aber keine Bewertung. Keiner der Typen
ist besser oder schlechter als die anderen. Jeder
von ihnen ist schlichtweg anders und verfügt über
seine eigenen starken und schwachen Seiten.
ID16™© erlaubt es, diese Unterschiede zu identifi-
zieren und sie zu beschreiben. Er hilft einem dabei
sich selbst zu verstehen und seinen Platz auf dieser
Welt zu finden.

Die Tatsache, dass Menschen ihr eigenes Persönlichkeitsprofil kennen, erlaubt es ihnen, voll
und ganz ihr Potenzial zu nutzen und an all jenen
Gebieten zu arbeiten, die ihnen Probleme bereiten
könnten. Es ist eine unschätzbare Hilfe im Alltag,
bei der Suche nach Problemlösungen, beim Auf-
bau gesunder zwischenmenschlicher Beziehungen
sowie bei der Entscheidungsfindung auf dem Bil-
dungs- und Berufsweg.

Die Identifizierung des Persönlichkeitstypus ist
kein willkürlicher oder mechanischer Prozess. Jeder Mensch ist als „Inhaber und Nutzer seiner Persönlichkeit" in vollem Maße kompetent zu ent-
scheiden, zu welchem Typus er gehört. Somit haben Menschen eine Schlüsselrolle in diesem Pro-

zess. Solch eine Selbstidentifizierung kann zum einen dadurch erfolgen, dass man sich die Beschreibungen aller 16 Persönlichkeitstypen durchliest und schrittweise die Auswahl einengt. Zum anderen kann man aber auch den schnelleren Weg wählen und den Persönlichkeitstest ID16™© ausfüllen. Auch in diesem Falle spielt der „Nutzer einer Persönlichkeit" die Schlüsselrolle, denn das Ergebnis des Tests hängt einzig und allein von seinen Antworten ab.

Die Identifizierung soll dabei helfen, sich selbst und andere zu verstehen, wenngleich sie keinesfalls als Orakel für die Zukunft angesehen werden sollte. Der Persönlichkeitstyp sollte zudem nie unsere Schwächen oder schlechte Beziehungen zu anderen Menschen rechtfertigen (obwohl er helfen sollte, die Gründe hierfür zu verstehen)!

Im Rahmen von ID16™© wird die Persönlichkeit nie als statisch, genetisch determinierter Zustand verstanden, sondern als Resultante angeborener und erworbener Eigenschaften. Solch eine Perspektive vernachlässigt nicht den freien Willen und kategorisiert nicht. Sie eröffnet viel mehr neue Perspektiven und regt zur Arbeit an sich selbst an, indem sie Bereiche aufzeigt, in denen dies am meisten benötigt wird.

Der Mentor (INFJ)

PERSÖNLICHKEITSTYPOLOGIE ID16™©

Profil

Lebensmotto: *Die Welt könnte besser sein!*

Kreativ, sensibel, auf die Zukunft fixiert. *Mentoren* sehen Möglichkeiten, die andere Menschen nicht erkennen. Es sind Idealisten und Visionäre, die sich darauf konzentrieren, Menschen zu helfen. Pflichtbewusst und verantwortungsbewusst, zugleich auch höflich, fürsorglich und freundschaftlich. Sie versuchen, die Mechanismen der Weltordnung zu verstehen und betrachten Probleme aus einer breiten Perspektive.

Hervorragende Zuhörer und Beobachter. Sie zeichnen sich aus durch Empathie, Intuition und Vertrauen in Menschen. *Mentoren* sind imstande, Gefühle und Emotionen zu lesen, können wiederum aber nur schlecht Kritik annehmen und sich in Konfliktsituationen zurechtfinden. Andere können sie gelegentlich als enigmatisch empfinden.

Natürliche Veranlagungen des *Mentors*

- Die Quelle seiner Lebensenergie: seine innere Welt.
- Informationsaufnahme: Intuition.
- Art und Weise wie Entscheidungen getroffen werden: Herz.
- Lebensstil: organisiert.

Ähnliche Persönlichkeitstypen

- *Idealist*
- *Berater*
- *Enthusiast*

Statistische Angaben

- *Mentoren* stellen ca. 1 % der Gesellschaft dar und sind damit der seltenste Persönlichkeitstyp.
- Unter *Mentoren* überwiegen Frauen (80 %).
- Das Land, welches dem Profil des *Mentors* entspricht, ist Norwegen.[1]

---

[1] Dies bedeutet nicht, dass alle Einwohner von Norwegen zu dieser Gruppe gehören, wenngleich die norwegische Gesellschaft – als Ganzes – viele charakteristische Eigenschaften der *Mentoren* verkörpert.

Buchstaben-Code

Der universelle Code des *Mentors* ist in den Jungschen Persönlichkeitstypologien INFJ.

Allgemeines Charakterbild

Mentoren haben einen enormen Einfluss auf andere Menschen und sogar die Welt, obwohl sie der am seltensten auftretende Persönlichkeitstyp sind. Sie erkennen Dinge, die für andere nicht selbstverständlich sind, wie bspw. Verbindungen zwischen einzelnen Ereignissen oder ständig wiederkehrende Verhaltensmuster. Wenn sie an der Lösung eines Problems arbeiten, analysieren sie es unter verschiedenen Gesichtspunkten und aus unterschiedlichen Perspektiven. Für gewöhnlich sind sie imstande, den möglichen Verlauf von Ereignissen vorherzusehen und potenzielle Chancen und Gefahren einer Situation zu erkennen.

Ferner sind sich *Mentoren* dessen bewusst, dass es eine andere Welt gibt, die nur mithilfe von Intuition oder Glauben wahrgenommen werden kann. Die geistige Dimension ihres Lebens ist für sie häufig wichtiger als die materielle, die mit den Sinnen wahrgenommen wird.

Innerer Kompass

Von Natur aus sind *Mentoren* Idealisten. Für gewöhnlich sind sehr hohe moralische Standards und ethische Vorgehensweisen für sie typisch. Sie überlegen oft, wie sie ihr Potenzial im Leben ausnutzen sollten. Ferner möchten *Mentoren* sich fortbilden und anderen Menschen helfen, ihren Platz in der Welt zu finden. Sie glauben, dass es die natürliche Pflicht eines jeden Menschen ist, anderen zu helfen und all jene zu verteidigen, die schwächer sind oder selbst nicht in der Lage sind, ihre eigenen Interessen zu vertreten. *Mentoren* möchten die Welt verbessern, deren Probleme lösen und anderen Menschen bei ihrer Entwicklung helfen. Sie glauben daran, dass das Leben einfacher und die Welt besser wäre, wenn alle versuchen würden, einander zu verstehen. *Mentoren* engagieren sich für Aufgaben aufgrund der Tatsache, dass es Probleme gibt, die es zu lösen gilt, und nicht zwecks Karriere oder für Ehrungen. Sie sind Visionäre und zeitgleich Aktivisten, die es nicht bei bloßen Ideen belassen, sondern versuchen, sie in die Tat umzusetzen.

Mentoren haben stets das Gefühl, sie seien im Dienst – sie sind ununterbrochen bereit, zu handeln und all jene zu verteidigen, die sich in Not befinden. In ihrem Leben richten sie sich für gewöhnlich nach einem klaren Ziel – sie haben eine sehr starke Überzeugung davon, was wichtig und was zu tun ist. Es gibt nicht viele Dinge, die sie von der Realisierung ihrer Visionen aufhalten könnten.

Mentoren knüpfen oftmals an verschiedene Theorien oder Ideen an. Sie fühlen sich von der spirituellen Welt angezogen und mögen die Sprache von Symbolen und Metaphern. Viele allgemein gültige Verhaltensweisen und Sitten erachten sie als sinnlos und wundern sich, dass andere Menschen dies nicht genauso sehen.

Wahrnehmung

Mentoren möchten die Welt besser verstehen und denken über den Sinn des Lebens nach. Ihre Aufmerksamkeit wird von Phänomenen philosophischer oder/und theologischer Natur gefesselt. Sie sind aufmerksame Beobachter, die versuchen, alle neuen Informationen und Daten an das von ihnen verinnerlichte Weltbild anzupassen. Wenn eine einzelne Information nicht passt, gehen sie davon aus, dass ihr ganzes Weltbild einer Umstrukturierung bedürfen könnte.

Dieser innere, für andere unsichtbare Prozess findet bei *Mentoren* ihr ganzes Leben lang statt. Ihr Verstand läuft immer auf Hochtouren und analysiert penibel neue Daten. In der heutigen Welt, in der Menschen mit einer immer größeren Masse an Informationen bombardiert werden, neigen *Mentoren* dazu, sich überladen zu fühlen. Sie versuchen oftmals, dem Übermaß an Informationen Herr zu werden, indem sie einige Vereinfachungen vornehmen – sie ignorieren bspw. all jene Daten, die denen, die sie zuvor aufgenommen haben, ähnlich sind.

In den Augen anderer Menschen

Andere Menschen sehen in *Mentoren* freundliche, warme und sympathische Menschen. Ihre Weisheit sowie aktive Herangehensweise an Probleme ruft allgemeinen Respekt hervor. Es fällt jedoch schwer, sie kennenzulernen und zu durchschauen. *Mentoren* sind nämlich Menschen, die über eine komplexe Persönlichkeit und starke Intuition ver-

fügen. Sie können den Anschein von geheimnis-
vollen und rätselhaften Personen erwecken, da sie
ihre eigene Welt haben, die sie vor anderen schüt-
zen. Nur ihre Nächsten haben Zugang zu dieser
Welt. Dahingegen vermögen es *Mentoren* sogar ihre
besten Freunde und ihre Familie zu überraschen!
Erstaunlicherweise stellen auch für *Mentoren* selbst
viele Aspekte ihrer eigenen Persönlichkeit ein Rät-
sel dar.

Mentoren ziehen sich oftmals zurück, da sie Einsamkeit und Ruhe brauchen, um ihre Kräfte zu
sammeln. Sie halten Menschen aber keineswegs
auf Distanz, ganz im Gegenteil – *Mentoren* verhalten sich gegenüber anderen herzlich und zeigen
ehrliches Interesse, was vor allem ihre Nächsten
betrifft. *Mentoren* versuchen um jeden Preis, Menschen nicht zu verletzen und ihnen kein Leid zu-
zufügen.

Kommunikation

Für gewöhnlich verstehen *Mentoren* es, sowohl mit
gesprochenen als auch geschriebenen Worten umzugehen. Sie artikulieren ihre Gedanken auf eine
verständliche Art und Weise und vermögen es hervorragend mit anderen Menschen zu kommunizie-
ren. Andererseits haben sie häufig eine Abneigung
gegen öffentliche Auftritte. Wenn sie aber auftre-
ten müssen, meistern sie auch dies wunderbar. Ferner sind *Mentoren* hervorragende Zuhörer und Beobachter. Sie deuten nicht nur Worte, aber auch
Gesten und Gefühle anderer Menschen. Für gewöhnlich sind sie imstande, ihre Aussagen zu kon-
trollieren, denn sie sind sich bewusst, welch große

Kraft Worte innehaben. Sie schweigen, wenn sie davon ausgehen, dass es so besser wäre.

Mentoren sind großzügig bei Lob und mögen selbst Komplimente seitens anderer Menschen. Dahingegen vertragen sie schlecht Kritik und empfinden sie als persönlichen Angriff. Auch übermäßige Bürokratie und Formalismus stören sie, wobei sie gleichzeitig übermäßiger Vertraulichkeit auch abgeneigt sind (z.B. wenn sie im Gespräch angefasst werden oder man ihnen dabei auf den Rücken klopft).

Gedanken

Mentoren denken oft über das Ziel ihres Lebens nach und darüber, was sie gerne erreichen würden. Es kommt vor, dass sie frühere Prioritäten revidieren und sie neu formulieren. Sie verspüren oftmals eine innere Unruhe. *Mentoren* haben viele Ideen, von denen sie nie alle realisieren können. Nicht selten beschuldigen sie sich selber, dass sie ihre Möglichkeiten nicht in vollem Maße ausgeschöpft haben oder nicht genug für andere Menschen getan haben.

Mentoren vermögen es, zukünftige Chancen und Gefahren zu erkennen. Die Gegenwart ist für sie nicht das Ziel, sondern der Ausgangspunkt. Für gewöhnlich blicken sie in die Zukunft, ohne dabei ihre früheren Erfolge zu erkennen. Oftmals sind sie sich auch nicht dessen bewusst, was sie bereits alles erreicht haben. *Mentoren* erkennen immer wieder neue Bedürfnisse und Aufgaben am Horizont.

Entscheidungen

Wenn *Mentoren* eine Entscheidung treffen müssen, dann brauchen sie Zeit, um in Ruhe (am besten alleine) alle möglichen Lösungen zu erwägen. Ihre Ideen sind gelegentlich unkonventionell. Sie mögen keine Konflikte, wenngleich sie Konfrontationen nicht scheuen, sofern sie einschätzen, dass sie positive Folgen haben könnten.

Mentoren schätzen Ordnung. Es fällt ihnen schwer in einem Umfeld zu leben, in dem Chaos herrscht. Bevor sie sich an die Arbeit machen, investieren sie viel Zeit und Energie, um alle nötigen Informationen zu sammeln und die beste Taktik zu wählen. Für gewöhnlich richten sich *Mentoren* nach ihrer Intuition und glauben an ihre Vorahnung. Manchmal führt dies zu Missachtung der Meinung anderer Menschen oder dazu, dass sie stur auf ihrer Meinung beharren.

In Stresssituationen

Mentoren sind anfällig für Stress. Sie verspüren öfter inneren Druck und vermögen es nicht, zu entspannen. Dies kann zu somatischen Leiden führen (bspw. Bluthochdruck). Wenn sie es schaffen, ihre Pflichten ruhen zu lassen, bevorzugen *Mentoren* es, ihre Freizeit gemächlich zu verbringen, fernab des Lärms, im vertrauten Kreis.

Sozialer Aspekt der Persönlichkeit

Mentoren sind Menschen mit einer tiefgründigen, komplexen Persönlichkeit. Zugleich sind sie auch sehr freundschaftlich und herzlich. Sie sind aber kein Freund von Konventionen und Anstandsgesten. *Mentoren* mögen auch keine oberflächlichen Beziehungen und vermögen es nicht, sich mit Menschen anzufreunden, die sich entgegen ihrer eigenen Überzeugungen verhalten oder sich als jemand ausgeben, der sie nicht sind.

Mentoren verfügen oft über Anführerqualitäten, wenngleich sie nicht dem Typ des Anführers oder Showman entsprechen. Sie heben sich selbst nicht hervor und streben nicht nach Anerkennung. Dafür sind sie aber imstande, enormen Einfluss auf andere Menschen auszuüben. Sie sind hervorragende Mentoren (daher auch die Bezeichnung für diesen Persönlichkeitstyp). Für andere stellen Begegnungen und Gespräche mit *Mentoren* eine Inspiration und Motivation zum Handeln dar. *Mentoren* bewirken, dass Menschen ihre eigene Situation und die Welt aus einer völlig neuen Perspektive betrachten.

Mentoren interessieren sich wirklich für die Probleme anderer Menschen und vermögen es, ihnen zuzuhören. Sie verfügen auch über eine unglaubliche Intuition. Aufgrund dieser Charakterzüge sind sie hervorragende Berater und Therapeuten. Ihre Beziehungen zu anderen Menschen sind sehr direkt und persönlich. *Mentoren* lassen sich nicht vom Schein täuschen – sie verstehen es, die echten Gefühle und Emotionen anderer Menschen zu erkennen (sogar unbewusst).

Unter Freunden

Mentoren möchten tiefgründige und natürliche Freundschaften schließen. Ihre Hingabe ist grenzenlos und manchmal sogar unkritisch. Sie schätzen Ehrlichkeit und Authentizität sehr. Ihre Fähigkeit, über ihre Emotionen zu walten, sowie ihr Wunsch nach Einsamkeit bewirken, dass sie auf Fremde ab und zu distanziert wirken (was vollkommen falsch ist). Tatsächlich mögen *Mentoren* Menschen sehr und es liegt ihnen viel an guten Beziehungen zu ihnen. Sie sind treue Freunde, die glauben, dass echte Freundschaften das Leben besser machen. Für die Pflege und Verbesserung von zwischenmenschlichen Beziehungen sind sie imstande, viel Energie und Mühe aufzuwenden.

Und obwohl sie nicht nach Beliebtheit streben, werden sie allgemein gemocht. Menschen schätzen die freundliche Haltung von *Mentoren* sowie ihre Ehrlichkeit und ihre aktive Herangehensweise an Aufgaben. Ein weiterer positiver Punkt, den Menschen an *Mentoren* beobachten, ist die Tatsache, dass diese ihnen helfen, ihr eigenes Potenzial zu entdecken und zu nutzen. *Mentoren* selbst fühlen sich wohl inmitten von Menschen, die sie verstehen, akzeptieren und als diejenigen Menschen, die sie wirklich sind, respektieren.

Unter Freunden von *Mentoren* finden sich praktisch Vertreter aller Persönlichkeitstypen. Am häufigsten sind es aber *Idealisten, Berater, Betreuer* und andere *Mentoren*. Am seltensten hingegen *Animateure, Praktiker* und *Verwalter*. Für gewöhnlich haben *Mentoren* zwar nicht viele Freunde, dafür sind ihre wenigen Freundschaften aber tiefgründig und sehr beständig.

In der Ehe

Als Lebenspartner sind *Mentoren* sehr fürsorglich. Ihre Liebe ist tiefgründig, wobei sie ihre Beziehung oftmals als etwas Mystisches und Spirituelles betrachten. Sie wünschen sich eine Einheit der Gedanken und der Herzen, die es erlaubt, am tiefsten verborgene Gefühle, Erlebnisse, Träume und Visionen zu teilen.

Sie äußern ihre Liebe und mögen auch selbst fürsorgliche Gesten und Symbole der Verbundenheit. *Mentoren* wünschen sich, dass ihre Beziehungen perfekt sind, was dazu führt, dass sie ergebene Lebenspartner sind, die bereit sind, an ihrer Beziehung zu arbeiten. Diese Haltung kann aber im Extremfall auch dazu führen, dass ihre Partner erschöpft und frustriert sind, da sie sich davor fürchten, den Anforderungen ihrer *Mentoren* nicht gerecht zu werden. Es kommt auch vor, dass *Mentoren* Perfektion außerhalb der Beziehung suchen.

Natürliche Kandidaten als Lebenspartner sind für *Mentoren* Personen mit verwandten Persönlichkeitstypen: *Idealisten*, *Berater* oder *Enthusiasten*. In solchen Beziehungen ist es für sie einfacher, gegenseitiges Verständnis und harmonische Beziehungen aufzubauen. Die Erfahrung zeigt aber, dass *Mentoren* auch imstande sind, gelungene, glückliche Beziehungen mit Personen einzugehen, deren Typ offensichtlich völlig verschieden ist. Umso interessanter sind diese Beziehungen, da die Unterschiede zwischen den Partnern der Beziehung Dynamik verleihen und Einfluss auf die persönliche Entwicklung nehmen können.

Als Eltern

Für *Mentoren* ist die Rolle als Eltern etwas völlig Natürliches. Sie gehen diese Verpflichtung sehr ernst an. *Mentoren* sind ihren Kindern ergeben und bereit, jegliche Opfer für sie zu bringen. Sie begegnen ihren Kindern mit viel Wärme und Zuneigung und sind liebevolle Eltern, die für gewöhnlich eine enge und tiefgründige Bindung zu ihren Kindern haben. *Mentoren* erklären ihren Kindern die Welt und ordnen sie für sie. Sie möchten ihren Nachwuchs zu reifen, unabhängigen Menschen erziehen, die fähig sind, selbstständig zu denken, eigene Urteile zu fällen, das Gute vom Bösen zu unterscheiden und richtige Entscheidungen zu treffen. Um dies zu bewerkstelligen, lassen sie ihre Kinder an Entscheidungen teilhaben, motivieren sie zum Lernen und regen zur Ausschöpfung ihrer Talente und natürlichen Gaben an. Andererseits stellen *Mentoren* auch sehr hohe Anforderungen an ihren Nachwuchs, weswegen sie auch streng sein können.

Kinder schenken *Mentoren* sehr viel Vertrauen, weswegen sie im Fall von Problemen auch gerne bei ihnen Hilfe suchen. Manchmal nehmen sie ihren Eltern aber übel, dass sie mehr leisten müssen als ihre Altersgenossen, wobei sie gerade dafür später im Leben dankbar sind. Sie schätzen auch, dass sie von ihren Eltern gelernt haben, wie man gut leben sollte und dass ihre *Mentoren* sie gelehrt haben, ihre Talente zu nutzen und ihre Leidenschaften auszuleben.

Arbeit und Karriere

Wenn *Mentoren* einen Sinn in ihrer Tätigkeit erkennen, sind sie imstande, hart zu arbeiten und sich aufzuopfern. Jegliche Aufgaben versuchen sie auf dem bestmöglichen Niveau zu lösen. *Mentoren* arbeiten gerne eigenständig oder in kleineren Gruppen. Dahingegen mögen sie keine Menschenmassen und oberflächlichen Beziehungen zwischen Menschen.

Im Team

Mentoren mögen keine Konflikte, Konfrontationen oder Antagonismen. Sie gehen davon aus, dass eine harmonische und freundliche Zusammenarbeit der beste Garant für den Erfolg ist. Sie mögen Vorgesetzte, die gemäß ihrer Ideale handeln und starke Anführer sind, zugleich aber auch ihre Mitarbeiter unterstützen.

Mentoren bringen in Teams eine freundschaftliche Atmosphäre ein – sie sind oftmals diejenigen, die dabei helfen, Probleme aus einer breiteren Perspektive zu betrachten und einen Konsens zu finden.

Ziele

Sie mögen es, Menschen bei ihren Problemen zu helfen und provozieren sie, die richtigen Fragen zu stellen und die dazugehörigen Antworten zu suchen. Das Bewusstsein, dass sie hilfreich waren, ist für *Mentoren* überaus befriedigend. Sie setzen sich anspruchsvolle Ziele und glauben daran, dass sie Einfluss auf das Schicksal ihres Landes und der Welt haben. Viele Menschen erachten solche Ziele als hochtrabend und unwirklich, *Mentoren* nehmen diese aber sehr ernst.

Unternehmen

Mentoren finden sich gut in Unternehmen oder Institutionen wieder, deren Tätigkeit den Ausgleich von Chancen, die Unterstützung lokaler Gemeinschaften oder von Menschen, die mit ihren Problemen nicht zurechtkommen, zum Ziel hat. Sie arbeiten oftmals sozial, als Berater oder Lehrer. *Mentoren* können aber auch genauso gut Schriftsteller, Textautoren oder Geistliche sein.

Oftmals sind *Mentoren* Autoren von Systemlösungen, die bspw. das gesellschaftliche Leben betreffen. Sie finden sich auf allen Positionen zurecht, in denen Kreativität gefragt ist und die Eigenständigkeit garantieren.

Aufgaben

Mentoren mögen Aufgaben, dank denen sie anderen Menschen helfen und die Welt zum Guten verändern können. Dahingegen verlieren sie den Boden unter den Füßen, wenn sie administrative Tätigkeiten übernehmen müssen, die nach pingeliger Genauigkeit, Analyse von Dokumenten oder der Verarbeitung von Daten verlangen. *Mentoren* sind ferner auch nicht imstande, in einer Atmosphäre eines Interessenskonflikts zu arbeiten oder Aufgaben zu übernehmen, die nicht mit ihrem Weltbild einhergehen.

Berufe

Das Wissen über das eigene Persönlichkeitsprofil sowie die natürlichen Präferenzen stellen eine unschätzbare Hilfe bei der Wahl des optimalen Berufsweges dar. Die Erfahrung zeigt, dass *Mentoren* mit Erfolg in verschiedenen Bereichen arbeiten und aufgehen können. Doch dieser Persönlichkeitstyp prädisponiert sie auf natürliche Art und Weise zu folgenden Berufen:

- Arzt,
- Berater,
- Bibliothekar,
- Coach,
- Designer,
- Ernährungsberater,
- Experte für Arbeitnehmerrechte,
- Filmschaffender,
- Fotograf,
- Geistlicher,
- Journalist,
- Konsultant,
- Künstler,
- Kurator,
- Lehrer,
- Mitarbeiter in der Sozialhilfe,
- Musiker,
- Pädagoge,
- Psychologe,
- Physiotherapeut,
- Projektkoordinator,
- Redakteur,

- Sanitäter,
- Schriftsteller,
- Soziologie,
- Therapeut,
- TV-Produzent,
- Vermittler,
- Wissenschaftler.

Potenzielle starke und schwache Seiten

Ähnlich wie auch andere Persönlichkeitstypen haben *Mentoren* potenzielle starke und schwache Seiten. Dieses Potenzial kann auf verschiedenste
Weise ausgeschöpft werden. Glück im Privatleben
sowie Erfolg im Beruf hängen bei *Mentoren* davon
ab, ob sie die Chancen, die mit ihrem Persönlichkeitstyp verknüpft sind, nutzen und ob sie den Gefahren auf ihrem Weg die Stirn bieten können. Im
Folgenden eine ZUSAMMENFASSUNG dieser
Chancen und Gefahren:

Potenzielle starke Seiten

Mentoren erkennen Dinge, die für andere nicht
selbstverständlich sind – Verbindungen zwischen
einzelnen Ereignissen und sich wiederholende
Verhaltensmuster. Wenn sie an der Lösung eines
Problems arbeiten, analysieren sie es unter verschiedenen Gesichtspunkten und aus verschiedenen Perspektiven. Für gewöhnlich sind sie imstande, den möglichen Verlauf von Ereignissen
vorherzusehen und potenzielle Chancen und Gefahren einer Situation zu erkennen. Ihre Ideen sind
sehr kreativ und unkonventionell. Sie haben keine

Probleme, komplexe Theorien und abstrakte Konzepte zu verstehen.

Sie interessieren sich wirklich für andere Menschen und ihre Probleme. *Mentoren* sind empfänglich für ihre Bedürfnisse und Gefühle. Sie zeichnen sich durch eine unglaubliche Intuition und Empathie sowie natürliche Herzlichkeit aus. *Mentoren* sind hervorragende Beobachter und Zuhörer. Sie vermögen es, menschliche Gefühle und Empfindungen zu deuten. Sie inspirieren andere Menschen, ihr eigenes Potenzial zu entdecken und es zu nutzen. Ferner geben *Mentoren* anderen Menschen den nötigen Antrieb, ihr Leben in den Griff zu bekommen.

Ihre Beziehungen zu anderen Menschen sind natürlich, ehrlich und tiefgründig. *Mentoren* verstehen es, unter die Oberfläche zu gelangen, um den Kern eines Problems zu erkennen. Sie sind sehr pflicht- und verantwortungsbewusst und behandeln all ihre Aufgaben sehr ernst. Darüber hinaus sind sie nicht dazu fähig, diese Aufgaben unter ihrem Niveau auszuführen, da sie sehr hohe Ansprüche an sich selbst und andere stellen. Ihr Wunsch ist es, dass alle Menschen ihre Möglichkeiten und Talente in vollem Maße zu nutzen wissen. Darüber hinaus vermögen es *Mentoren*, hervorragend mit dem geschriebenen und gesprochenen Wort umzugehen, weswegen sie auch immer auf eine klare Art und Weise ihre Gedanken äußern. Ihr Ziel ist die Perfektion. Wenn sie einen Sinn in ihrer Arbeit sehen, vermögen sie es sich voll und ganz auf ihre Pflichten zu konzentrieren und auch viel dafür zu opfern. Sie schenken etwaigen Hindernissen dabei keine Beachtung und es fällt im Allgemeinen schwer, *Mentoren* zu entmutigen.

Potenzielle schwache Seiten

Der Idealismus von *Mentoren* bewirkt, dass sie oftmals Probleme mit dem Leben in der realen Welt haben. Sie neigen dazu, nicht sachlich zu sein (es kommt vor, dass sie bei Gesprächen von dem eigentlichen Thema zu allgemeinen Überlegungen abschweifen). Des Weiteren haben *Mentoren* Probleme mit Routine und alltäglichen Tätigkeiten. Sie tendieren auch dazu, Einzelheiten zu vergessen.

Ihre Erwartungen gegenüber anderen Menschen sind ab und zu unrealistisch, denn sie berücksichtigen deren natürliche Grenzen nicht. Oftmals erwecken *Mentoren* den Eindruck von Menschen, die man kaum befriedigen kann. Für gewöhnlich gehen sie auch davon aus, dass sie Recht haben und erklären anderen nicht einmal, wieso dem so sein sollte. Sie sind dazu fähig, die Meinung anderer Menschen von vornherein zu verwerfen. Ihre „vielschichtige" Wahrnehmung der Realität bewirkt darüber hinaus, dass sich *Mentoren* oftmals die Frage stellen, ob der von ihnen gewählte Weg oder ihre Entscheidungen richtig sind. In Situationen, die nach Improvisation oder schnellen Entscheidungen verlangen, verlieren *Mentoren* oftmals den Boden unter den Füßen.

Es fällt ihnen nicht einfach, anderen ihre Probleme mitzuteilen und ihre Hilfe in Anspruch zu nehmen. Auch Konfliktsituationen vertragen *Mentoren* ebenso schlecht wie Kritik, die sie häufig als persönlichen Angriff werten. Stress hingegen bewirkt bei ihnen innere Anspannung sowie (oft) auch somatische Leiden. Er entzieht ihnen zudem den Glauben an die eigenen Fähigkeiten und bewirkt manchmal, dass sie zu Genussmitteln greifen.

Mentoren sind sehr empfindlich und verletzbar, weswegen sie auch Probleme damit haben, zu verzeihen und so über lange Zeit nachtragend sein können.

Persönliche Entwicklung

Die persönliche Entwicklung von *Mentoren* hängt davon ab, in welchem Grad sie ihr natürliches Potenzial nutzen und ob sie die Gefahren, die in Verbindung mit ihrem Typ stehen, zu bewältigen vermögen. Die folgenden praktischen Tipps stellen eine Art Dekalog des *Mentors* dar.

Sprechen Sie mit anderen über Ihre Ideen

Nicht alle wissen, wie Sie auf ihre Ideen gekommen sind, weswegen Sie nicht davon ausgehen sollten, dass es offensichtlich ist. Die Besprechung ihrer Ideen mit Vertrauten und Mitarbeitern wird die Atmosphäre sehr verbessern und Ihnen dabei helfen, sie aus einem anderen Blickwinkel zu betrachten.

Haben Sie keine Angst vor Kritik

Haben Sie keine Angst, kritisch zu sein und Kritik seitens anderer Menschen anzunehmen. Kritik kann konstruktiv sein und muss nicht unbedingt einen Angriff auf andere Menschen oder die Anzweiflung ihrer Werte bedeuten.

Seien Sie praktischer

Sie haben eine natürliche Tendenz zu idealistischen Ideen, die fern ab des reellen Lebens sind. Denken Sie über ihre praktischen Aspekte nach – darüber, wie sie in der realen, unvollkommenen Welt realisiert werden könnten.

Lehnen Sie die Ideen und Meinungen anderer Menschen nicht ab

Hören Sie genau zu, was andere zu sagen haben. Versuchen Sie ihre Ideen zu verstehen, bevor Sie sie ablehnen oder meinen, sie bereits gehört zu haben. Gehen Sie nicht von der Annahme aus, dass niemand sich so gut auskennt wie Sie.

Haben Sie keine Angst vor Konflikten

Auch zwischen sich sehr nahestehenden Personen kommt es manchmal zu Meinungsverschiedenheiten. Konflikte bedeuten aber nicht zwangsweise etwas Destruktives. Sehr oft helfen sie dabei, Probleme aufzuzeigen und sie zu lösen! Stecken Sie also nicht Ihren Kopf in den Sand, wenn Sie sich in einer Konfliktsituation befinden. Versuchen Sie viel mehr klar Ihren Standpunkt sowie Ihre Empfindungen bzgl. des Problems zu vertreten.

Beschuldigen Sie andere Menschen nicht für Ihre Probleme

Denken Sie gut über die Quelle von Problemen nach. Vergehen und Fehler werden nicht nur von anderen begangen. Auch Sie können der Grund für ein Problem sein.

Hören Sie auf mit der Schwarzmalerei

Konzentrieren Sie sich nicht auf Gefahren und Bedrohungen. Die Angst vor ihnen kann Sie lähmen. Sie werden viel mehr schaffen, wenn Sie sich den helleren Seite des Lebens widmen und versuchen, deren Potenzial zu nutzen.

Seien Sie nachsichtiger

Seien Sie mit anderen Menschen geduldiger angesichts deren Mängel und Unzulänglichkeiten. Vergessen Sie dabei nicht, dass nicht jeder die gleiche Aufgabe bekommen kann, denn nicht alle Menschen sind für alle möglichen Arten von Aufgaben geschaffen. Wenn also einmal jemand sich mit seiner Aufgabe schwertut, dann ist das nicht zwangsweise ein Anzeichen von Böswilligkeit oder Faulheit.

Ruhen Sie sich aus

Versuchen Sie manchmal, Ihre Pflichten loszulassen und etwas Angenehmes zu unternehmen. Entspannen Sie, haben Sie ein bisschen Spaß. Dies hilft Ihnen, einen besseren Standpunkt einzunehmen und mit einem klaren Kopf zu Ihren Pflichten zurückzukehren.

Sehen Sie ein, dass Sie auch irren können

Niemand ist unfehlbar. Andere Menschen können teilweise oder komplett Recht haben. Sie wiederum können teilweise oder komplett im Irrtum sein. Akzeptieren Sie dies und lernen Sie, Fehler einzugestehen.

Bekannte Personen

Eine Liste bekannter Personen, die dem Profil des *Mentors* entsprechen:

- **Johann Wolfgang von Goethe** (1749-1832) – der herausragendste deutsche Dichter der Weimarer Klassik (u. a. *Erlkönig*), Dramaturg (u. a. *Faust*), Prosaiker (u. a. *Die Leiden des jungen Werther*), Gelehrter und Politiker;

- **Nathaniel Hawthorne** (1804-1864) – einer der herausragendsten Schriftsteller der Vereinigten Staaten (u. a. *Der scharlachrote Buchstabe*) und Verfasser von Kurzgeschichten, Vertreter der Romantik und des Transzendentalismus;

- **Emily Jane Brontë** (1818-1848) – britische Schriftstellerin (u. a. *Sturmhöhe*) und Dichterin;

- **Fanny Crosby**, eigtl. Frances Jane Crosby (1820-1915) – blinde US-amerikanische Dichterin geistlicher Texte (über 8000), Aktivistin der Methodistenkirche, zu Lebzeiten eine der bekanntesten Frauen in den Vereinigten Staaten;

- **Mary Baker Eddy** (1821-1910) – US-amerikanische Mystikerin und Wissenschaftlerin, Begründerin der Christian-Science-Lehre;

- **Mahatma Gandhi**, eigtl. Mohandas Karamchand Gandhi (1869-1948) – einer der Begründer der modernen indischen Staatlichkeit, Befürworter eines passiven Widerstands als Mittel zum politischen Kampf;

- **Nelson Mandela** (1918-2013) – südafrikanischer Aktivist gegen die Apartheid in Südafrika, nach deren Aufhebung Präsident von Südafrika, Friedensnobelpreisträger;
- **Jimmy Carter**, eigtl. James Earl Carter (geb. 1924) – der 39. Präsident der Vereinigten Staaten, Aktivist für Menschenrechte, Friedensnobelpreisträger;
- **Martin Luther King jr.** (1929-1968) – US-amerikanischer Baptistenpastor und Bürgerrechtler, der sich für die Abschaffung der Rassentrennung in den USA aussprach, Friedensnobelpreisträger;
- **Piers Anthony**, eigtl. Piers Anthony Dillingham Jacob (geb. 1934) – US-amerikanischer Science-Fiction- und Fantasy-Autor (u. a. *Xanth*);
- **Michael Landon**, eigtl. Eugene Maurice Orowitz (1936-1991) – US-amerikanischer Schauspieler, Produzent und Regisseur (u. a. *Ein Engel auf Erden*);
- **Billy Crystal** (geb. 1948) – US-amerikanischer Schauspieler (u. a. *Reine Nervensache*), Regisseur und Drehbuchautor;
- **Mel Gibson**, eigtl. Mel Columcille Gerard Gibson (geb. 1956) – US-amerikanischer Schauspieler (u. a. *Lethal Weapon*), Regisseur und Filmproduzent (u. a. *Die Passion Christi*);

- **Nicole Kidman** (geb. 1967) – US-ameri-kanisch-australische Schauspielerin (u. a. *Unterwegs nach Cold Mountain*), Sängerin.

Die 16 Persönlichkeits-typen im Überblick

Der Animateur (ESTP)

Lebensmotto: *Lasst uns etwas unternehmen!*

Energisch, aktiv und unternehmerisch. Sie mögen die Gesellschaft anderer Menschen und sind imstande, den Augenblick zu genießen. Spontan, flexibel und offen für Veränderungen.

Enthusiastische Anreger und Initiatoren, die andere zum Handeln motivieren. Logisch, rational und überaus pragmatisch. *Animateure* sind Realisten, die abstrakte Ideen und die Zukunft betreffende Erwägungen ermüdend finden. Sie konzentrieren sich viel mehr auf konkrete Lösungen von aktuellen Problemen. Sie haben manchmal Schwierigkeiten bei der Organisation und Planung,

denn sie neigen zu impulsiven Handlungen, weswegen es passieren kann, dass sie erst handeln und
dann nachdenken.

Natürliche Veranlagungen des *Anima-teurs*

- Die Quelle seiner Lebensenergie: seine äußere Welt.
- Informationsaufnahme: Sinne.
- Art und Weise wie Entscheidungen ge-troffen werden: Verstand.
- Lebensstil: spontan.

Ähnliche Persönlichkeitstypen

- *Verwalter*
- *Praktiker*
- *Inspektor*

Statistische Angaben

- *Animateure* stellen ca. 6-10 % der Gesell-schaft dar.
- Unter *Animateuren* überwiegen Männer (60 %).
- Das Land, welches dem Profil des *Anima-teurs* entspricht, ist Australien.[2]

---

[2] Dies bedeutet nicht, dass alle Einwohner von Australien
zu dieser Gruppe gehören, wenngleich die australische Gesellschaft – als Ganzes – viele charakteristische Eigenschaften des *Animateurs* verkörpert.

Buchstaben-Code

Der universelle Code des *Animateurs* ist in den Jungschen Persönlichkeitstypologien ESTP.

Mehr:

Jarosław Jankowski
Ihr Persönlichkeitstyp: Animateur (ESTP)

Der Anwalt (ESFJ)

Lebensmotto: *Wie kann ich dir helfen?*

Enthusiastisch, energisch und gut organisiert. Praktisch, verantwortungsbewusst und gewissenhaft. Darüber hinaus herzlich und überaus gesellig. *Anwälte* erkennen menschliche Stimmungen, Emotionen und Bedürfnisse. Sie schätzen Harmonie und vertragen schlecht Kritik oder Konflikte. Sie sind sehr sensibel in Bezug auf Ungerechtigkeiten sowie das Leid anderer Menschen. Sie interessieren sich aufrichtig für die Probleme anderer und sind glücklich, wenn sie ihnen helfen können. Indem sie sich um die Bedürfnisse anderer kümmern, vernachlässigen sie oftmals ihre eigenen. *Anwälte* neigen dazu, anderen auszuhelfen. Sie sind anfällig für Manipulationen.

Natürliche Veranlagungen des *Anwalts*

- Die Quelle seiner Lebensenergie: seine äußere Welt.
- Informationsaufnahme: Sinne.

- Art und Weise wie Entscheidungen getroffen werden: Herz.
- Lebensstil: organisiert.

Ähnliche Persönlichkeitstypen

- *Moderator*
- *Betreuer*
- *Künstler*

Statistische Angaben

- *Anwälte* stellen ca. 10-13 % der Gesellschaft dar.
- Unter *Anwälten* überwiegen Frauen (70 %).
- Das Land, welches dem Profil des *Anwalts* entspricht, ist Kanada.

Buchstaben-Code

Der universelle Code des *Anwalts* ist in den Jungschen Persönlichkeitstypologien ESFJ.

Mehr:

Jarosław Jankowski
Ihr Persönlichkeitstyp: Anwalt (ESFJ)

Der Berater (ENFJ)

Lebensmotto: *Meine Freunde sind meine Welt.*

Optimistisch, enthusiastisch und scharfsinnig. Höflich und taktvoll. Sie verfügen über ein unglaubliches Empathievermögen, wodurch es sie glücklich stimmt, durch selbstloses Handeln anderen Menschen Gutes zu tun. *Berater* vermögen es, Einfluss auf das Leben anderer zu nehmen – sie inspirieren, entdecken in ihnen verstecktes Potenzial und verleihen ihnen Glauben an das eigene Können. *Berater* strahlen Wärme aus, weswegen sie andere Menschen anziehen. Sie helfen ihnen oftmals, persönliche Probleme zu lösen.

Doch *Berater* neigen dazu, gutgläubig zu sein und die Welt durch eine rosarote Brille zu betrachten. Da sie ständig auf andere Menschen fixiert sind, vergessen sie oftmals ihre eigenen Bedürfnisse.

Natürliche Veranlagungen des *Beraters*

- Die Quelle seiner Lebensenergie: seine äußere Welt.
- Informationsaufnahme: Intuition.
- Art und Weise wie Entscheidungen getroffen werden: Herz.
- Lebensstil: organisiert.

Ähnliche Persönlichkeitstypen

- *Enthusiast*
- *Mentor*
- *Idealist*

Statistische Angaben

- *Berater* stellen ca. 3-5 % der Gesellschaft dar.
- Unter *Beratern* überwiegen Frauen (80 %).

- Das Land, welches dem Profil des *Beraters* entspricht, ist Frankreich.

Buchstaben-Code

Der universelle Code des *Beraters* ist in den Jungschen Persönlichkeitstypologien ENFJ.

Mehr:

Jarosław Jankowski
Ihr Persönlichkeitstyp: Berater (ENFJ)

Der Betreuer (ISFJ)

Lebensmotto: *Mir liegt viel an deinem Glück.*

Herzlich, bescheiden, vertrauenswürdig und überaus loyal. An erster Stelle stehen für *Betreuer* andere Menschen. Sie erkennen ihre Bedürfnisse und möchten ihnen helfen. Sie sind praktisch, gut organisiert und verantwortungsbewusst. Ferner zeichnen sie sich durch Geduld, Fleiß und Ausdauer aus. Sie führen ihre Pläne zu Ende.

Betreuer bemerken und prägen sich Details ein. Sie schätzen Ruhe, Stabilität und freundschaftliche Beziehungen zu anderen Menschen. Darüber hinaus vermögen sie es, Brücken zwischen Menschen zu bauen. Sie vertragen nur schlecht Kritik und Konflikte. *Betreuer* verfügen über ein starkes Pflichtbewusstsein und sind stets bereit anderen zu helfen. Manchmal werden sie von anderen ausgenutzt.

Natürliche Veranlagungen des *Betreuers*

- Die Quelle seiner Lebensenergie: sein Inneres.
- Informationsaufnahme: Sinne.
- Art und Weise wie Entscheidungen getroffen werden: Herz.
- Lebensstil: organisiert.

Ähnliche Persönlichkeitstypen

- *Künstler*
- *Anwalt*
- *Moderator*

Statistische Angaben

- *Betreuer* stellen ca. 8-12 % der Gesellschaft dar.
- Unter *Betreuern* überwiegen Frauen (70 %).
- Das Land, welches dem Profil des *Betreuers* entspricht, ist Schweden.

Buchstaben-Code

Der universelle Code des *Betreuers* ist in den Jungschen Persönlichkeitstypologien ISFJ.

Mehr:

Jarosław Jankowski
Ihr Persönlichkeitstyp: Betreuer (ISFJ)

Der Direktor (ENTJ)

Lebensmotto: *Ich sage euch, was zu tun ist!*

Unabhängig, aktiv und entschieden. Rational, logisch und kreativ. *Direktoren* betrachten analysierte Probleme in einem breiteren Kontext und sind imstande, die Konsequenzen von menschlichem Verhalten vorherzusehen. Sie zeichnen sich durch Optimismus und eine gesunde Selbstsicherheit aus. Sie können theoretische Konzepte in konkrete, praktische Pläne umwandeln.

Visionäre, Mentoren und Organisatoren. *Direktoren* verfügen über natürliche Führungsqualitäten. Ihre starke Persönlichkeit, ihr kritisches Urteilsvermögen sowie ihre Direktheit verunsichern andere Menschen häufig und führen zu Problemen bei zwischenmenschlichen Beziehungen.

Natürliche Veranlagungen des *Direktors*

- Die Quelle seiner Lebensenergie: seine äußere Welt.
- Informationsaufnahme: Intuition.
- Art und Weise wie Entscheidungen getroffen werden: Verstand.
- Lebensstil: organisiert.

Ähnliche Persönlichkeitstypen

- *Reformer*
- *Stratege*
- *Logiker*

Statistische Angaben

- *Direktoren* stellen ca. 2-5 % der Gesellschaft dar.
- Unter *Direktoren* überwiegen Männer (70 %).
- Das Land, welches dem Profil des *Direktors* entspricht, sind die Niederlande.

Buchstaben-Code

Der universelle Code des *Direktors* ist in den Jungschen Persönlichkeitstypologien ENTJ.

Mehr:

Jarosław Jankowski
Ihr Persönlichkeitstyp: Direktor (ENTJ)

Der Enthusiast (ENFP)

Lebensmotto: *Wir schaffen das!*

Energisch, enthusiastisch und optimistisch. Sie sind lebensfreudig und sind mit den Gedanken in der Zukunft. Dynamisch, scharfsinnig und kreativ. *Enthusiasten* mögen Menschen und schätzen ehrliche und authentische Beziehungen. Sie sind herzlich und emotional. *Enthusiasten* können aber schlecht mit Kritik umgehen. Sie verfügen über Empathie und erkennen die Bedürfnisse, Emotionen und Motive anderer Menschen. Sie inspirieren und stecken andere mit ihrem Enthusiasmus an.

Enthusiasten mögen es, im Zentrum der Aufmerksamkeit zu sein. Sie sind flexibel und vermö-

gen es, zu improvisieren. Sie neigen zu idealistischen Ideen. *Enthusiasten* lassen sich einfach ablen-
ken und haben Probleme damit, viele Angelegenheiten zu Ende zu bringen.

Natürliche Veranlagungen des *Enthusiasten*

- Die Quelle seiner Lebensenergie: seine
  äußere Welt.
- Informationsaufnahme: Intuition.
- Art und Weise wie Entscheidungen ge-
  troffen werden: Herz.
- Lebensstil: spontan.

Ähnliche Persönlichkeitstypen

- *Berater*
- *Idealist*
- *Mentor*

Statistische Angaben

- *Enthusiasten* stellen ca. 5-8 % der Gesellschaft dar.
- Unter *Enthusiasten* überwiegen Frauen
  (60 %).
- Das Land, welches dem Profil des *Enthusiasten* entspricht, ist Italien.

Buchstaben-Code

Der universelle Code des *Enthusiasten* ist in den
Jungschen Persönlichkeitstypologien ENFP.

Mehr:

Jarosław Jankowski
Ihr Persönlichkeitstyp: Enthusiast (ENFP)

Der Idealist (INFP)

Lebensmotto: *Man kann anders leben.*

Sensibel, loyal und kreativ. Sie möchten im Einklang mit ihren Werten leben. *Idealisten* interessieren sich für die spirituelle Wirklichkeit und gehen den Geheimnissen des Lebens nach. Sie nehmen sich die Probleme der Welt zu Herzen und stehen Bedürfnissen anderer Menschen offen gegenüber. *Idealisten* schätzen Harmonie und Ausgeglichenheit.

Sie sind romantisch und dazu fähig, ihre Liebe zu anderen zu äußern, wobei sie selbst auch Wärme und Zärtlichkeit brauchen. Sie vermögen es, Motive und Gefühle anderer Menschen hervorragend zu erkennen. *Idealisten* bauen gesunde, tiefgründige und dauerhafte Beziehungen auf. In Konfliktsituationen verlieren sie den Boden unter den Füßen. Sie können Kritik und Stress nicht vertragen.

Natürliche Veranlagungen des *Idealisten*

- Die Quelle seiner Lebensenergie: seine innere Welt.
- Informationsaufnahme: Intuition.
- Art und Weise wie Entscheidungen getroffen werden: Herz.
- Lebensstil: spontan.

Ähnliche Persönlichkeitstypen

- *Mentor*
- *Enthusiast*
- *Berater*

Statistische Angaben

- *Idealisten* stellen ca. 1-4 % der Gesellschaft dar.
- Unter *Idealisten* überwiegen Frauen (60 %).
- Das Land, welches dem Profil des *Idealisten* entspricht, ist Thailand.

Buchstaben-Code

Der universelle Code des *Idealisten* ist in den Jungschen Persönlichkeitstypologien INFP.

Mehr:

Jarosław Jankowski
Ihr Persönlichkeitstyp: Idealist (INFP)

Der Inspektor (ISTJ)

Lebensmotto: *Die Pflicht geht vor.*

Menschen, auf die man sich immer verlassen kann. Wohlerzogen, pünktlich, zuverlässig, gewissenhaft, verantwortungsbewusst – die Zuverlässigkeit in Person. Analytisch, methodisch, systematisch und logisch. *Inspektoren* werden als beherrschte, kühle und ernsthafte Menschen angesehen. Sie schätzen Ruhe, Stabilität und Ordnung. *Inspektoren* mögen keine Veränderungen, dafür aber klare und konkrete Regeln.

Sie sind arbeitsam und ausdauernd, weswegen sie Angelegenheiten zu Ende bringen können. Es sind Perfektionisten, die über alles die Kontrolle haben möchten. Sie äußern sparsam Lob und sind nicht imstande, der Wichtigkeit der Gefühle und Emotionen anderer Menschen die gebürtige Beachtung zu schenken.

Natürliche Veranlagungen des *Inspektors*

- Die Quelle seiner Lebensenergie: seine innere Welt.
- Informationsaufnahme: Sinne.
- Art und Weise wie Entscheidungen getroffen werden: Verstand.
- Lebensstil: organisiert.

Ähnliche Persönlichkeitstypen

- *Praktiker*
- *Verwalter*
- *Animateur*

Statistische Angaben

- *Inspektoren* stellen ca. 6-10 % der Gesellschaft dar.
- Unter *Inspektoren* überwiegen Männer (60 %).
- Das Land, welches dem Profil des *Inspektors* entspricht, ist die Schweiz.

Buchstaben-Code

Der universelle Code des *Inspektors* ist in den Jungschen Persönlichkeitstypologien ISTJ.

Mehr:

Jarosław Jankowski
Ihr Persönlichkeitstyp: Inspektor (ISTJ)

Der Künstler (ISFP)

Lebensmotto: *Lasst uns etwas erschaffen!*

Sensibel, kreativ und originell. Sie haben ein Gefühl für Ästhetik und angeborene künstlerische Fähigkeiten. Unabhängig – *Künstler* agieren nach ihrem eigenen Wertesystem und ordnen sich keinerlei Druck von außen unter. Sie sind optimistisch und verfügen über eine positive Lebenseinstellung, weswegen sie jeden Augenblick genießen können.

Sie sind glücklich, wenn sie anderen helfen können. Abstrakte Theorien langweilen sie, denn *Künstler* ziehen es vor, die Realität zu erschaffen und nicht über sie zu sprechen. Es fällt ihnen jedoch weitaus leichter, neue Pläne zu realisieren, als bereits begonnene abzuschließen. Sie haben Schwierigkeiten, ihre eigenen Bedürfnisse und Wünsche zu äußern.

Natürliche Veranlagungen des *Künstlers*

- Die Quelle seiner Lebensenergie: seine innere Welt.
- Informationsaufnahme: Sinne.
- Art und Weise wie Entscheidungen getroffen werden: Herz.
- Lebensstil: spontan.

Ähnliche Persönlichkeitstypen

- *Betreuer*
- *Moderator*
- *Anwalt*

Statistische Angaben

- *Künstler* stellen ca. 6-9 % der Gesellschaft dar.
- Unter *Künstlern* überwiegen Frauen (60 %).
- Das Land, welches dem Profil des *Künstlers* entspricht, ist China.

Buchstaben-Code

Der universelle Code des *Künstlers* ist in den Jungschen Persönlichkeitstypologien ISFP.

Mehr:

Jarosław Jankowski
Ihr Persönlichkeitstyp: Künstler (ISFP)

Der Logiker (INTP)

Lebensmotto: *Man muss vor allem die Wahrheit über die Welt kennenlernen.*

Originell, einfallsreich und kreativ. *Logiker* mögen es, theoretische Probleme zu lösen. Sie sind analytisch, scharfsinnig und begegnen neuen Ideen mit Begeisterung. *Logiker* vermögen es, einzelne Phänomene zu verbinden und mithilfe von ihnen allgemeine Regeln und Theorien aufzustellen. Sie agieren logisch, präzise und tiefgründig. Unklare

Zusammenhänge und Inkonsequenzen werden von ihnen schnell erkannt.

Sie sind unabhängig und skeptisch gegenüber bereits vorliegenden Lösungen sowie Autoritäten. Zugleich sind sie tolerant und offen für neue Herausforderungen. Versunken in Gedanken verlieren sie ab und an den Kontakt zur Außenwelt.

Natürliche Veranlagungen des *Logikers*

- Die Quelle seiner Lebensenergie: seine innere Welt.
- Informationsaufnahme: Intuition.
- Art und Weise wie Entscheidungen getroffen werden: Verstand.
- Lebensstil: spontan.

Ähnliche Persönlichkeitstypen

- *Stratege*
- *Reformer*
- *Direktor*

Statistische Angaben

- *Logiker* stellen ca. 2-3 % der Gesellschaft dar.
- Unter *Logikern* überwiegen Männer (80 %).
- Das Land, welches dem Profil des *Logikers* entspricht, ist Indien.

Buchstaben-Code

Der universelle Code des *Logikers* ist in den Jungschen Persönlichkeitstypologien INTP.

Mehr:

Jarosław Jankowski
Ihr Persönlichkeitstyp: Logiker (INTP)

Der Mentor (INFJ)

Lebensmotto: *Die Welt könnte besser sein!*

Kreativ, sensibel, auf die Zukunft fixiert. *Mentoren* sehen Möglichkeiten, die andere Menschen nicht erkennen. Es sind Idealisten und Visionäre, die sich darauf konzentrieren, Menschen zu helfen. Pflichtbewusst und verantwortungsbewusst, zugleich auch höflich, fürsorglich und freundschaftlich. Sie versuchen, die Mechanismen der Weltordnung zu verstehen und betrachten Probleme aus einer breiten Perspektive.

Hervorragende Zuhörer und Beobachter. Sie zeichnen sich aus durch Empathie, Intuition und Vertrauen in Menschen. *Mentoren* sind imstande, Gefühle und Emotionen zu lesen, können wiederum aber nur schlecht Kritik annehmen und sich in Konfliktsituationen zurechtfinden. Andere können sie gelegentlich als enigmatisch empfinden.

Natürliche Veranlagungen des *Mentors*

- Die Quelle seiner Lebensenergie: seine innere Welt.
- Informationsaufnahme: Intuition.
- Art und Weise wie Entscheidungen getroffen werden: Herz.
- Lebensstil: organisiert.

Ähnliche Persönlichkeitstypen

- *Idealist*
- *Berater*
- *Enthusiast*

Statistische Angaben

- *Mentoren* stellen ca. 1 % der Gesellschaft dar und sind damit der seltenste Persönlichkeitstyp.
- Unter *Mentoren* überwiegen Frauen (80 %).
- Das Land, welches dem Profil des *Logikers* entspricht, ist Norwegen.

Buchstaben-Code

Der universelle Code des *Mentors* ist in den Jungschen Persönlichkeitstypologien INFJ.

Mehr:

Jarosław Jankowski
Ihr Persönlichkeitstyp: Mentor (INFJ)

Der Moderator (ESFP)

Lebensmotto: *Heute ist der richtige Zeitpunkt!*

Optimistisch, energisch und offen gegenüber Menschen. *Moderatoren* sind lebenslustig und haben gerne Spaß. Sie sind praktisch, zugleich aber auch flexibel und spontan. Sie mögen Veränderungen und neue Erfahrungen. Einsamkeit, Stagnation und Routine hingegen vertragen sie eher schlecht. *Moderatoren* mögen es, im Zentrum der Aufmerksamkeit zu stehen.

Sie verfügen über ein natürliches Schauspieltalent und über die Gabe, interessant und packend zu berichten. Indem sie sich auf das Hier und Jetzt konzentrieren verlieren sie manchmal langfristige Ziele aus den Augen. Sie neigen dazu, Konsequenzen ihres Handelns nicht richtig einschätzen zu können.

Natürliche Veranlagungen des *Moderators*

- Die Quelle seiner Lebensenergie: seine äußere Welt.
- Informationsaufnahme: Sinne.
- Art und Weise wie Entscheidungen getroffen werden: Herz.
- Lebensstil: spontan.

Ähnliche Persönlichkeitstypen

- *Anwalt*
- *Künstler*
- *Betreuer*

Statistische Angaben

- *Moderatoren* stellen ca. 8-13 % der Gesellschaft dar.
- Unter *Moderatoren* überwiegen Frauen (60 %).
- Das Land, welches dem Profil des *Moderators* entspricht, ist Brasilien.

Buchstaben-Code

Der universelle Code des *Moderators* ist in den Jungschen Persönlichkeitstypologien ESFP.

Mehr:

Jarosław Jankowski
Ihr Persönlichkeitstyp: Moderator (ESFP)

Der Praktiker (ISTP)

Lebensmotto: *Taten sind wichtiger als Worte.*

Optimistisch, spontan und mit einer positiven Lebenseinstellung. Beherrschte und unabhängige Menschen, die ihren eigenen Überzeugungen treu sind und äußeren Normen und Regeln skeptisch gegenüberstehen. *Praktiker* sind nicht an Theorien oder Überlegungen bzgl. der Zukunft interessiert. Sie ziehen es vor, konkrete und handfeste Probleme zu lösen.

Sie passen sich gut an neue Orte und Situationen an und mögen Herausforderungen und das Risiko. Ferner vermögen sie es, bei Gefahr einen kühlen Kopf zu behalten. Ihre Wortkargheit und extreme Zurückhaltung bei der Äußerung von Meinungen bewirken, dass sie für andere Menschen manchmal unverständlich erscheinen.

Natürliche Veranlagungen des *Praktikers*

- Die Quelle seiner Lebensenergie: seine innere Welt.
- Informationsaufnahme: Sinne.

- Art und Weise wie Entscheidungen getroffen werden: Verstand.
- Lebensstil: spontan.

Ähnliche Persönlichkeitstypen

- *Inspektor*
- *Animateur*
- *Verwalter*

Statistische Angaben

- *Praktiker* stellen ca. 6-9 % der Gesellschaft dar.
- Unter *Praktiker* überwiegen Männer (60 %).
- Das Land, welches dem Profil des *Praktikers* entspricht, ist Singapur.

Buchstaben-Code

Der universelle Code des *Praktikers* ist in den Jungschen Persönlichkeitstypologien ISTP.

Mehr:

Jarosław Jankowski
Ihr Persönlichkeitstyp: Praktiker (ISTP)

Der Reformer (ENTP)

Lebensmotto: *Und wenn man versuchen würde, es anders zu machen?*

Ideenreich, originell und unabhängig. *Reformer* sind Optimisten. Sie sind energisch und unternehmerisch. Wahrhaftige Tatmenschen, die gerne im

Zentrum des Geschehens sind und „unlösbare Probleme" lösen. Sie sind an der Welt interessiert, risikofreudig und ungeduldig. Visionäre, die offen für neue Ideen sind. Sie mögen neue Erfahrungen und Experimente. Ferner erkennen sie die Verbindungen zwischen einzelnen Ereignissen und sind mit ihren Gedanken in der Zukunft.

Spontan, kommunikativ und selbstsicher. *Reformer* neigen dazu, ihre eigenen Fähigkeiten zu überschätzen. Darüber hinaus haben sie Probleme damit, etwas zu Ende zu bringen.

Natürliche Veranlagungen des *Reformers*

- Die Quelle seiner Lebensenergie: seine äußere Welt.
- Informationsaufnahme: Intuition.
- Art und Weise wie Entscheidungen getroffen werden: Verstand.
- Lebensstil: spontan.

Ähnliche Persönlichkeitstypen

- *Direktor*
- *Logiker*
- *Stratege*

Statistische Angaben

- *Reformer* stellen ca. 3-5 % der Gesellschaft dar.
- Unter *Reformern* überwiegen Männer (70 %).
- Das Land, welches dem Profil des *Reformers* entspricht, ist Israel.

Buchstaben-Code

Der universelle Code des *Reformers* ist in den Jungschen Persönlichkeitstypologien ENTP.

Mehr:

Jarosław Jankowski
Ihr Persönlichkeitstyp: Reformer (ENTP)

Der Stratege (INTJ)

Lebensmotto: *Das lässt sich perfektionieren!*

Unabhängige, herausragende Individualisten, die über unglaublich viel Energie verfügen. Sie sind kreativ und einfallsreich. Von anderen werden sie als kompetente und selbstsichere Menschen angesehen, wenngleich sie distanziert und enigmatisch wirken. *Strategen* betrachten alle Angelegenheiten aus einer breiten Perspektive. Sie möchten ihre Umwelt perfektionieren und ordnen.

Strategen sind gut organisiert, verantwortungsbewusst, kritisch und anspruchsvoll. Es ist schwer, sie aus dem Gleichgewicht zu bringen. Zugleich ist es aber auch nicht einfach, sie völlig zufrieden zu stellen. Ihre Natur erschwert es ihnen, die Gefühle und Emotionen anderer Menschen zu erkennen.

Natürliche Veranlagungen des *Strategen*

- Die Quelle seiner Lebensenergie: seine innere Welt.
- Informationsaufnahme: Intuition.

- Art und Weise wie Entscheidungen getroffen werden: Verstand.
- Lebensstil: organisiert.

Ähnliche Persönlichkeitstypen

- *Logiker*
- *Direktor*
- *Reformer*

Statistische Angaben

- *Strategen* stellen ca. 1-2 % der Gesellschaft dar.
- Unter *Strategen* überwiegen Männer (80 %).
- Das Land, welches dem Profil des *Strategen* entspricht, ist Finnland.

Buchstaben-Code

Der universelle Code des *Strategen* ist in den Jungschen Persönlichkeitstypologien INTJ.

Mehr:

Jarosław Jankowski
Ihr Persönlichkeitstyp: Stratege (INTJ)

Der Verwalter (ESTJ)

Lebensmotto: *Erledigen wir diese Aufgabe!*

Fleißig, verantwortungsbewusst und überaus loyal. Energisch und entschieden. Sie schätzen Ordnung, Stabilität, Sicherheit und klare Regeln. *Verwalter* sind sachlich und konkret. Sie sind logisch, rational und praktisch. Sie vermögen es, sich eine große Menge detaillierter Informationen anzueignen.

Hervorragende Organisatoren, die Ineffizienz, Verschwendung und Faulheit nicht dulden. Sie sind ihren Überzeugungen treu und aufgeschlossen gegenüber anderen Menschen. Sie legen ihre Meinung entschieden dar und üben offen Kritik aus, weswegen sie manchmal ungewollt andere Menschen verletzen.

Natürliche Veranlagungen des *Verwalters*

- Die Quelle seiner Lebensenergie: seine äußere Welt.
- Informationsaufnahme: Sinne.
- Art und Weise wie Entscheidungen getroffen werden: Verstand.
- Lebensstil: organisiert.

Ähnliche Persönlichkeitstypen

- *Animateur*
- *Inspektor*
- *Praktiker*

Statistische Angaben

- *Verwalter* stellen ca. 10-13 % der Gesellschaft dar.
- Unter *Verwaltern* überwiegen Männer (60 %).
- Das Land, welches dem Profil des *Verwalters* entspricht, sind die USA.

Buchstaben-Code

Der universelle Code des *Verwalters* ist in den Jungschen Persönlichkeitstypologien ESTJ.

Mehr:

Jarosław Jankowski
Ihr Persönlichkeitstyp: Verwalter (ESTJ)

Anhang

Die vier natürlichen Veranlagungen

1. Dominierende Quelle der Lebensenergie

    o   ÄUSSERE WELT
        Menschen, die ihre Energie aus der
        Umwelt schöpfen, die Aktivitäten und
        Kontakt mit anderen Menschen benö-
        tigen. Sie vertragen längere Einsam-
        keit nur schlecht.

    o   INNERE WELT
        Menschen, die ihre Energie aus ihrem
        Innern schöpfen, die Ruhe und Ein-
        samkeit brauchen. Sie fühlen sich er-
        schöpft, wenn sie längere Zeit mit an-
        deren Menschen verbringen.

2. Dominierende Art, Informationen aufzunehmen

    o SINNE
       Menschen, die auf ihre fünf Sinne vertrauen. Sie glauben an Fakten und Beweise und mögen erprobte Methoden sowie praktische und konkrete Aufgaben. Sie sind Realisten, die sich auf ihre Erfahrung stützen.

    o INTUITION
       Menschen, die auf ihren sechsten Sinn vertrauen. Sie lassen sich durch Vorahnungen leiten und mögen innovative Lösungen sowie Probleme theoretischer Natur. Sie zeichnen sich durch eine kreative Herangehensweise sowie die Fähigkeit aus, Dinge vorherzusehen.

3. Dominierende Art, Entscheidungen zu treffen

    o VERSTAND
       Menschen, die sich nach ihrer Logik und objektiven Regeln richten. Sie sind kritisch und direkt, wenn sie ihre Meinung äußern.

    o HERZ
       Menschen, die sich nach ihren Empfindungen und Werten richten. Sie

streben nach Harmonie und Einverständnis mit anderen.

4. Dominierender Lebensstil

o ORGANISIERT
Menschen, die pflichtbewusst und organisiert sind. Sie schätzen Ordnung und mögen es, nach Plan zu handeln.

o SPONTAN
Flexible Menschen, die ihre Freiheit schätzen. Sie erfreuen sich des Augenblicks und finden sich gut in neuen Situationen zurecht.

Geschätzter Anteil der einzelnen Persönlichkeitstypen an der Bevölkerung (in %)

Persönlichkeitstyp	Anteil
Animateur (ESTP):	6 – 10 %
Anwalt (ESFJ):	10 – 13 %
Berater (ENFJ):	3 – 5 %
Betreuer (ISFJ):	8 – 12 %
Direktor (ENTJ):	2 – 5 %
Enthusiast (ENFP):	5 – 8 %
Idealist (INFP):	1 – 4 %
Inspektor (ISTJ):	6 – 10 %
Künstler (ISFP):	6 – 9 %
Logiker (INTP):	2 – 3 %
Mentor (INFJ):	ca. 1 %

Moderator (ESFP):   8 – 13 %
Praktiker (ISTP):   6 – 9 %
Reformer (ENTP):   3 – 5 %
Stratege (INTJ):   1 – 2 %
Verwalter (ESTJ):   10 – 13 %

Geschätztes prozentuales Verhältnis von Frauen und Männern je nach Persönlichkeitstyp

Persönlichkeitstyp	Frauen/Männer
Animateur (ESTP):	40 % / 60 %
Anwalt (ESFJ):	70 % / 30 %
Berater (ENFJ):	80 % / 20 %
Betreuer (ISFJ):	70 % / 30 %
Direktor (ENTJ):	30 % / 70 %
Enthusiast (ENFP):	60 % / 40 %
Idealist (INFP):	60 % / 40 %
Inspektor (ISTJ):	40 % / 60 %
Künstler (ISFP):	60 % / 40 %
Logiker (INTP):	20 % / 80 %
Mentor (INFJ):	80 % / 20 %
Moderator (ESFP):	60 % / 40 %
Praktiker (ISTP):	40 % / 60 %
Reformer (ENTP):	30 % / 70 %
Stratege (INTJ):	20 % / 80 %
Verwalter (ESTJ):	40 % / 60 %

Literaturverzeichnis

- Arraj, J. (1990): *Tracking the Elusive Human, Volume 2: An Advanced Guide to the Typological Worlds of C. G. Jung, W.H. Sheldon, Their Integration, and the Biochemical Typology of the Future.* Midland, OR: Inner Growth Books.

- Arraj, J. / Arraj, T. (1988): *Tracking the Elusive Human, Volume 1: A Practical Guide to C.G. Jung's Psychological Types, W.H. Sheldon's Body and Temperament Types and Their Integration.* Chiloquin, OR: Inner Growth Books.

- Berens, L. V. / Cooper, S. A. / Ernst, L. K. / Martin, C. R. / Myers, S. / Nardi, D. / Pearman, R. R./Segal, M./Smith, M. A. (2002): *Quick Guide to the 16 Personality Types in Organizations: Understanding Personality Differences in the Workplace.* Fountain Valley, CA: Telos Publications.

- Geier, J. G./Downey, D. E. (1989): *Energetics of Personality*: Success Through Quality

Action. Minneapolis, MN: Aristos Publishing House.

- Hunsaker, P. L. / Alessandra, T. (1986): *The Art of Managing People*. New York, NY: Simon and Schuster.

- Jung, C. G. (1995): *Psychologische Typen*. Ostfildern: Patmos Verlag.

- Kise, J. A. G. / Krebs Hirsh, S. / Stark, D. (2005): *LifeKeys: Discover Who You Are*. Bloomington, MN: Bethany House.

- Kroeger, O. / Thuesen, J. M. (1988): *Type Talk or How to Determine Your Personality Type and Change Your Life*. New York, NY: Delacorte Press.

- Lawrence, G. D. (1997): *Looking at Type and Learning Styles*. Gainesville, FL: Center for Applications of Psychological Type.

- Lawrence, G. D. (1993): *People Types and Tiger Stripes*. Gainesville, FL: Center for Applications of Psychological Type.

- Maddi, S. R. (2001): *Personality Theories: A Comparative Analysis*. Long Grove, IL: Waveland Press.

- Martin, C. R. (2001): *Looking at Type: The Fundamentals Using Psychological Type To Understand and Appreciate Ourselves and Others*. Gainesville, FL: Center for Applications of Psychological Type.

- Meier, C. A. (1986): *Persönlichkeit: Der Individuationsprozess im Lichte der Typologie C. G. Jungs*. Einsiedeln: Daimon.

- Pearman, R. R. / Albritton, S. C. (2010): *I'm Not Crazy, I'm Just Not You: The Real Meaning of the Sixteen Personality Types*. Boston, MA: Nicholas Brealey Publishing.

- Segal,M. (2001): *Creativity and Personality Type: Tools for Understanding and Inspiring the Many Voices of Creativity*. Fountain Valley, CA: Telos Publications.

- Sharp, D. (1987): *Personality Type: Jung's Model of Typology*. Toronto: Inner City Books.

- Spoto, A. (1995): *Jung's Typology in Perspective*. Asheville, NC: Chiron Publications.

- Tannen, D. (1990): *You Just Don't Understand*: Women and Men in Conversation. New York, NY: William Morrow and Company.

- Thomas, J. C. / Segal, D. L. (2005): *Comprehensive Handbook of Personality and Psychopathology, Personality and Everyday Functioning*. Hoboken, NJ: Wiley.

- Thomson, L. (1998): *Personality Type: An Owner's Manual*. Boston, MA: Shambhala.

- Tieger, P. D./Barron-Tieger, B. (2000): *Just Your Type: Create the Relationship You've Always Wanted Using the Secrets of Personality Type*. New York, NY: Little, Brown and Company.

- Von Franz, M.-L. / Hillman, J. (1971): *Lectures on Jung's Typology*. New York, NY: Continuum International Publishing Group.

Der Leser steht an erster Stelle.

Eine Autorenkampagne
der Alliance of Independent Authors